CB069268

Figuras na sala

Moacir Amâncio

FIGURAS NA SALA

Poemas

ILUMI/URAS

Copyright ©:
Moacir Amâncio

Copyright © desta edição:
Editora Iluminuras Ltda.

Capa:
Celia Eid

Composição:
Iluminuras

ISBN: 85-7321-013-3

1996
EDITORA ILUMINURAS LTDA.
Rua Oscar Freire, 1233
01426-001 - São Paulo - SP
Tel.: (011)852-8284
Fax: (011)282-5317

ÍNDICE

FIGURAS NA SALA
A mesa de vidro 11
Basilisco 15
Medida circular 16
Origami 17
Jogo 18
Coreografia 19
Copo cheio 20
Estranha 21

ENGRENAGEM
Caracol 25
Olhos pássaros 26
Escargot 27
Lesma no vidro 28
Brinquedo 29
Gota d'água 30
Cartografia 31
Meio 32
Lesma e híbris 33
Caracol textual 34
Lesma com unha 35
Soluções 36
solução 37

Cornucópia 38
TEXTOS DO DESERTO
Quiromancia 41
inédita 42
Areias 43
O mesmo passeio 44
Peças 45
As dunas 46
Explicar concertos 47
O camelo 48
Mar de sal - 1 49
Mar de sal - 2 50
A sede 51
Chavelhos 52
Pasto 53
Montanhas 54
O olho forma 55
aranha 56
Cobra 57
Violetas 58
Do caracol 59
Dedos 60
Saghi nehar 61
Amianto 62
Prata 63

GHEMINGA
Gheminga - 1 67
O zodíaco 68
Exacerbação 69
Rotina 70
Gheminga - 2 71

FIGURAS NA SALA

A mesa de vidro

1

A mesa de vidro,
rumor

e objeto
na sala,
útil.

À mão
o búzio
trabalhado em ecos.

Contornos de pergunta,
lanternas dentro.

2

Entre os papéis
a mão presente,
uma roda dentada.

Ponta do acaso,
ação de braço
trás o vermelho

da lua ausente.

3

Giroscópio, búzio,
a roda dentada.
Um pouco de luz,
um aro de prata.

Diâmetro breve
da fixa rosácea -
quarenta e três dentes
de sol complicado.

Liberta do traço
da mão, da engrenagem,
projeto de ex-máquina
num bote escapole.

Escama de cobra,
miragem contrária
expõe o possível,
a mínima vista

na sala, figuras.

4

Em volta se põe
pergunta redonda,
a boca de bicho
recém-inventado.

Por fora a coroa
dos dentes, que ri
aos giros trezentos
mais os graus, sessenta.

Ave alerta em vôo
que só vento pleno
e um sépia de espanto
na rede pintada

do vento, que ri.

Basilisco

Segredo em si vedado,
pois espelho
seria o apagar
de sua mirada,

felino se desenha
olho em projetos,
vista pronta a segar
todo o visível -

garra de chumbo,
flape de farfalla.
Como se explica,
pela cauda, vôo,

na pedra em que a
luz explode na pedra
que explode a luz,
a juba armada em asas.

Medida circular

Como saber são círculos
se falta um terço, um gesto,
e a falta se põe fruta.

Vela queimada, ausência
florescendo na sala
escuro em expansão.

Lua minguante ao meio,
copo d'água em perfil,
azul, queda de pétala.

Vazio dentro do espaço
se recoloca o quê,
acento, circunflexo.

Origami

As cores no piano
ignoram a terceira
que repara na sombra
de novo um fruto.

Nuances passam frias
do resíduo diálogo
segundo o olho fora,
imposição.

Manchas se fazem mãos
móveis pelo papel.
Se duvidas, amassam
o continente.

E farão desse céu
triângulo, esfera
capaz de moto próprio,
outra pupila.

Jogo

Caos contrário
não é acaso
de dado solto
na mesa espaço.

Soma certezas
do labirinto
olhar um dado,
multiplicá-lo.

Se rola solta,
a conta faz
o rito próprio
e pelo exato

louca celebra
todo o inexato,
lua que mostra
total um círculo.

Porém esfera,
mas imperfeita.
Profusos furos,
quer-se quadrada

com oito lados.

Coreografia

A cor
apaga os limites
da maçã no prato
acesa.

Quase explode
o tom
de allegro
que a mão
não toca,

porém ergue
o espelho,
porcelana,
e o coloca
num navio

feito de azul
e amarelo.

Prato de som,
vai-se a nave.
Então retine
um sol,
todo moto
fixo.

Copo cheio de cores
cortado no perfil
e assim permanecesse,
cacos, jorro surpreso

Para a mão, desafio,
para a mesa, perigo
de nova inundação,
se isso for um desastre:

iminência de acorde
que no aço da tesoura
desfaz, variações,
os dois lados da lua

em líquidas metades

Estranha luz
se põe na sala.
Não esclarece
nem se consome.

Qual uma vela
voltada a si.
Chama que dobra
no próprio escuro

se põe na sala.

ENGRENAGEM

Todos os umbigos são caracóis.
Talita, 4 anos.

Caracol
na vidraça,

vivo
deslizar
de vírgula.

Corte
do gesto
do vento,

maçã.
Ponto na cor.

Olhos pássaros,
mesmo líberos,
no ar fixos
pelas asas
provadas de luas,
de silêncios.

Acordo casca
com ostra
entre o cuspo
do mar
e a lamela
da relva:

ossos pássaros
na trama da cor
seguram
o céu.

Escargot

A linha reta
da flecha
é circunflexa
pela cadeia,
geografia.

Libera-se a
chama, potência
dos amarelos
na concha-espira,
raios.

O olho reflete
esse porém
e recupera,
opaco
giz,
o g de aceso gris.

Lesma no vidro

O semilíquido da gosma
em que tremula na vidraça
do paradoxo mais azul.

O sol não vem da luz, azul,
sim da sombra. Ali, de trás,
ou aqueles podres no galho
do desmanchar em amarelos.

Caverna e resplendor secreta
mole estratagema e coral.

Brinquedo

Crianças cegas
à beira
de um
abismo.

Do fundo
vêm
os olhos.
Algo

morcego
nisto,
ou de vulcão.

Gota d'água
e sobre
o caracol.

Táctil
joio
com outra
jóia.

Dura luz,
inda maleável
expansão

no vidro
acaso rarefeito.

Cartografia

O caracol, seu trajeto
de nenhum para nenhum,
apenas dentro do abismo.

Solícitas rosas dobram
o cantar de tons vermelhos
em cascata para o negro.

O terreno dele, avaro,
não vermelha sob as rosas,
pequenos sóis vegetais.

Enquanto ele vai, desliza
como se permanecesse
neste tom do azul, o triz.

Meio beijo
no vidro,
vário
pulso sem osso.

Não desaba
o céu,
incendeia.

Temos mais
da fênix
fogo
do que penas.

O caracol,
se cores,

pêlo
de
estrela morta.

Lesma e híbris

Pássaros e formigas anunciam a ironia
entre nuvem e chão com o perigo pronto.
Manca beleza alheia do equilíbrio no vidro
onde simulas vôo e seria impossível.
A falsa gema aderes por ser ela desvio,
espontâneo fabrico da solidez preciosa.
Exposta ao gesto cíclope, duplo gume que lavra
óbvio a circunstância da qual emergirás.

Caracol textual

O rendilhado guarnece o espaço com tinta escrita
guardada no entre ar e pétala.

E como o vidro não vê, apenas transparessendo
as nebulosas, arrasta.

Na trilha o olho se instala exposto ao pequeno espanto.
Também se constata pista.

Lesma com unha

Restrito ao rastejar
sob a pálpebra
de gesso

Carne
calcário
lume

lava fria e matemática
rima com vidro
todo figuras

Ele se cospe
quem o cospe?

Soluções

No sal a fórmula
do desmanchá-lo,
menos se dentro
do mar se encontre.

Lá se resolve
contra o punir
do gume, do ácido.
Pele salobra

de salamandra.
A própria língua
se encaracola
quanto a dizê-lo:

nem feminino
pode existir
para essa vulva,
concha com fecho.

Em riste se abre
um sexo fêmeo.

solução

negativo se
solve

lustro
casca
gosma

todo olho
um escuro

carbono

Cornucópia

Se o grão de sal
restitui os oceanos,
sobra em resumo
o búzio que se sopra.
Discreta jóia,
jamais expele o sono
nem assanha paraísos,
apenas coloca, se tanto,

o crespo de uma vírgula.

TEXTOS DO DESERTO

Quiromancia

Da mirada
o basilisco
deixa a obra
à caça de novos
pastos
na trama da cor.

Nada sopra,
tudo ondula
ao jeito morno
de carne,
primária tal
qual a fome,

unívoca
ao repetir,
aberta
festa de linhas,
mão
por onde
as figuras

que um homem vê
feito livro
sempre
lido em vez

inédita.
Pela qual a lua,
gema a
mesmar,
absorve redondos
efeitos
olhos
de peixe.

Areias, um exemplo citado nas lições
como único possível da fala de água e vento.
Mar infenso a navios, coalhado de medusas
transparentes porém, invisíveis porém,
íntegras no perigo de seus tantos tentáculos,
escrita dançarina num ponto do deserto
prestes a resolver com uma frase e pânico
talvez o sol, guardado nos incontáveis vidros.

O mesmo passeio do tigre
guardado nas próprias riscas
e adivinhado no campo
da maquinação de vidro.
Um entrever desgarrado
que talvez retorne a si
se ao azar avança a fera
para fora dessas grades:
ouro, tecido sem rastros.

Peças de engrenagem presente
a máquina
da qual não sabem
Nela funcionam
por simples

Cubo
triângulo
astro
nuvem
a mão da mulher

Em redondos
que o lápis
e da mosca
a metalinguagem

As dunas,
horizonte curvo,
harmonizam
o arsenal
de romãs.

(Explosão
recatada
do vermelho,

cada grão
da romã
guarda a
maçã.)

Das mãos
fluam raízes
de uma teia

que em
cima
da
miragem
teça o céu.

Cada nó,
um
rubi.

Explicar concertos de areia
seria inventar uns fantasmas
que arrastam o peso do ar.

As luas rolam pelas pedras
de Ulân Bátor, Jerusalém,
são os nortes, vagos papéis

onde se desmontam castelos
já todo muralhas erguidos,
mas puras muralhas de ar.

O camelo navega
por si submerso,
olho d'água ondulante.

No entanto, os afogados.

Mar de sal - 1

Água morta, construções
em torno do olho de sal,
areia branca, restilo
do que foi jardim e peixes.

A montagem se revela
enquanto o ar com a água.
Ficam essas ondas duras
e faladas por minúcias

de monólogos, matéria
pronta ao toque não sabido
de gesto prestes ao ex:
a mulher que se retira

recolhe todos os peixes
para a fome do deserto.
A boca desfaz sabor
em gume, o pomo antigo.

Mar de sal - 2

Um objeto
nesse olho
sem
fundo
repete a matéria

impossível
ao mar,
veludo
além do tacto.

Aberto ao piano
se à espera
no canto,

à voz não
se reduz,
cristal
de cordas múltiplas,

banalidade
em festa
ao alcance do pardal.

A sede se amplia
por uns olhos brancos
vívidos de areia,

desfeitos talvez
- mas sem solução -
numa tela súbita

de prisma intocável
sobre o mar de sal,
água feita sede:

um morto vibrar,
e vibra no entanto.
E vibra, o que basta.

Chavelhos

Pontificam nas grimpas,
decerto coisa escrita

das letras caracóis:
cimitarras e luas,

adagas e trombetas
retorcem o ar por dentro.

Porém se os shofarim
da colina irromperem

e o barulho dos cascos
e os fantasmas dispersos

e alguns leviatãs.

Pasto

Das cabras
a escrita,
letras caracóis

guarnecem
o deserto,
habitamos.

Língua até a
raiz
da relva

entre
dispersos
alguns sóis.

Montanhas minadas
de pergaminhos.

Olhos em osso
- cavernas -
espreitam
a decomposição

da escrita
lida de vez
ou nunca.

O olho forma
no chão
um espelho puro
vidro.

(Das areias
contadas
por camelos
e cabras,

serpentes nuvens,
pássaros,
funda
móvel paisagem

o olho,
forma no chão,
espelho
puro vidro

guardado sempre fora.)

aranha de vidro
a mesa
deixa

rastros
afora o qüê
o quem escreve

o sol
e seus tentáculos

Cobra e escrita, só
corpo que se grafa inteiro
no presente.
Serpenteia

raio na areia.

Violetas
sustentam o
azul,
outro instante
do modo
luz.

Uns bichos nunca
peixes,
outros vermelham
os equívocos.

Se alojam
pelo
ar,

hábitat natural,
e habitamos.

Do caracol
a pasta,
sopro estendido,
a areia,
dunas,
vagos acordes.

Olho de tigre
num oito,
a mão de Escher,

pássaro.
Suspenso lance
do peixe ao vôo.

Dedos em flauta
desmontam o piano
de sal
estas notas

Um influir
de cinzas mais
que brancos
mais
que camaleos
silêncios
ao longo do concerto
de areia

Da sede arquitetura

Saghi nehor

Não estamos em nenhuma Dízengoff,
rua feita de vitrines e portos
cheios de medusas tortas, feras
em descanso pelos becos, vagas.
Nenhuma catraia se aproxima
de ilha nenhuma, de nenhum morto.
A sombra de quem se espalha sombra
sabe na pele sem espessura
o cheiro cor de amarelo-prata.
E é só esse cheiro lunar que fica,
defeso ao toque, gesto entretanto
por onde conjugado, em lugar
todo posto em luz, cego porém
o alfabeto das patas fendidas
hipótese sempre de passagens
nos azuis deste hálito apagadas.
Paisagem resto, rastro do olhar,
modo próprio de dizer maçã.

Amianto, o céu de Ulân Bátor
dobra-se e redobra desertos

ao rasgo de olho basilisco:
dentro dele navegam fomes

de vazio, de nada, mas tudo
foge e o vazio é mais depois.

Exposta fica a flor na mesa
à espera da tempesta nula.

O vento, sem vela não move
alguns barcos que a sala ancora.

Prata solúvel, rastro
na mesa de uma aranha
de vidro articulada
em brilhos. Toda espelho
apaga, puro fósforo.

O canteiro faz muros
para dizer deserto
com os olhos, no vaso
dentro da flor a cor
se expõe semente mesma.

O canto alheio, vau
até o vôo que fixo
estabelece o zero,
como a lua, ciranda,
em círculos se abole.

GHEMINGA

Gheminga - 1

Fragmento
de um fôlego
de cobre,

ideograma
do móvel
labirinto,

da fênix,
cada olho
te retrata.
Imagem -

súbito permaneces.

O zodíaco
não fiou em ti,
renegada persistência,
vida em demasia
que
    se desata
quer-se única.

Olho do furacão
tua pupila:
tigre de treva.

Exacerbação do luxo
tua ausência
na miragem.

Por trás
de cada porta
do ar

tu te escondes.
Explica-te
pelo deserto.

Iminente
tempestade
na paisagem sem figuras.

Rotina que se quebra,
chama que irrompe
dentro da chama,
ou apaga.

Refletes
um rastro
e te
dispersas.

Gheminga - 2

A gema \ raios
se
decompõe

em
claro
escuro

se
põe.

Impresso na **Prol** editora gráfica ltda.
03043 Rua Martim Burchard, 246
Brás - São Paulo - SP
Fone: (011) 270-4388 (PABX)
com filmes fornecidos pelo Editor.